SNEAKY PRESS

©Copyright 2023
Pauline Malkoun

The right of Pauline Malkoun to be identified as author of this work has been asserted by them in accordance with Copyright, Designs and Patents Act 1988.

All Rights Reserved.

No reproduction, copy or transmission of this publication may be made without written permission.
No paragraph of this publication may be reproduced, copied or transmitted save with the written permission of the publisher, or in accordance with the provisions of the Copyright Act 1956 (as amended).

Any person who commits any unauthorized act in relation to this publication may be liable to criminal prosecution and civil claims for damages.

A catalogue record for this work is available from the National Library of Australia.

ISBN 9781922641885

Sneaky Press is the imprint of Sneaky Universe.
www.sneakyuniverse.com
First published in 2023

Sneaky Press
Melbourne, Australia.

Das Buch der zufälligen Flugzeugfakten

Sneaky Press

Inhalte

Zufällige Fakten zur Flugzeuggeschichte	6
Arten von Flugzeugen	8
Zufällige Fakten über Flughäfen	10
Flugzeug-Erste	14
Flugzeugrekorde	16
Zufällige Flugzeugfakten	18
Weitere zufällige Flugzeugfakten	20
Zufällige Fakten über Papierflieger	24
Anleitung für Papierflieger	26

Zufällige Fakten zur Flugzeuggeschichte

Die Gebrüder Wright, Wilbur und Orville, waren die ersten, die am 17. Dezember 1903 ein motorbetriebenes Flugzeug

Sie machten vier kurze Flüge in Kitty Hawk, North Carolina, mit Orville Wright als Pilot.

Ihr Flugzeug hieß 1903 Wright Flyer.

Sie können ihr Flugzeug im National Air and Space Museum in Washington D.C. sehen.

Die französische Frau Bessie Coleman gilt weithin als erste weibliche Pilotin. Sie erhielt 1921 in Frankreich ihre Pilotenlizenz. Sie wurde eine renommierte Kunstfliegerin.

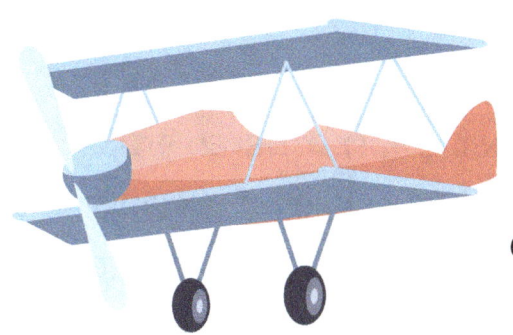

Der von Charlie Taylor (einem Mitarbeiter der Gebrüder Wright) gebaute Motor hatte 12 PS und wurde mit Benzin betrieben.

Die erste Frau, die alleine über den Atlantik flog, war Amelia Earhart im Mai 1932.

Arten von Flugzeugen

Airliner transportieren große Menschenmengen über lange Strecken. Dazu gehören die von Fluggesellschaften eingesetzten Airbusse und Boeing-Flugzeuge.

Das Turboprop ist ein Propellerflugzeug, das auf einem einzigen Flug zwischen 965 und 1609 Kilometer fliegen kann.

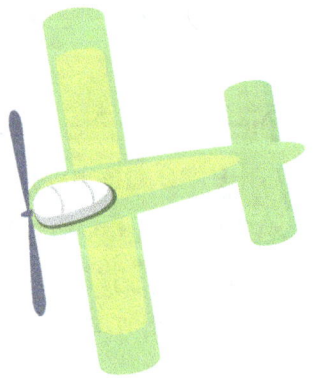

Das Kolben ist ein kleines Flugzeug, das pro Flug zwischen 482 und 643 Kilometer fliegen kann.

Airliner transportieren große Menschenmengen über lange Strecken. Dazu gehören die von Fluggesellschaften eingesetzten Airbusse und Boeing-Flugzeuge.

Bomber sind Militärflugzeuge, die dafür entwickelt wurden, Bomben auf feindliche Ziele abzuwerfen – sie sind größer und langsamer als Kampfjets.

Kampfjets sind Militärflugzeuge, die für den Kampf gegen andere Flugzeuge entwickelt wurden.

Zufällige Fakten über Flughäfen

Mit einer Landebahn knapp unter 400 Metern ist der weltweit kleinste Flughafen in der Stadt Juancho E. Yrausquin auf der niederländischen Karibikinsel Saba. Nur kleine Flugzeuge können dort landen.

Der College Park Airport in Maryland (USA) war der erste Flughafen, der 1909 eröffnet wurde.

Der Suvarnabhumi-Flughafen in Bangkok beherbergt den höchsten Kontrollturm der Welt mit einer Höhe von etwas über 131 Metern.

In Bezug auf die Landfläche ist der größte Flughafen der Welt mit 780 Quadratkilometern der King Fahd International Airport in Saudi-Arabien.

Der Flughafen mit den meisten Landebahnen ist der Hartsfield-Jackson Atlanta International Airport in den USA, der fünf parallele Landebahnen und zwei Kreuzlandebahnen hat.

Der Flughafen mit dem höchsten Passagieraufkommen weltweit ist der Beijing Capital International Airport in China, wo im Jahr 2019 über 100 Millionen Passagiere durchgegangen sind.

Das größte Terminalgebäude befindet sich am New Istanbul Airport in der Türkei mit einer Grundfläche von 1,3 Millionen Quadratmetern.

Die längste Landebahn der Welt ist 5500 Meter lang. Sie befindet sich am Qamdo Bamda Airport in Tibet.

Der Hamad International Airport in Katar verfügt über einen Swimmingpool.

Der Incheon International Airport in Südkorea verfügt über einen Indoor-Garten.

Der Münchner International Airport in Deutschland verfügt über eine Eisbahn.

Der Vancouver International Airport in Kanada verfügt über ein Aquarium.

Der Kuala Lumpur International Airport in Malaysia verfügt über einen Dschungelsteg.

Der Hong Kong International Airport in Hongkong verfügt über ein Luftfahrtmuseum.

Flugzeug-Erste

1947 flog Chuck Yeager mit der Bell X-1 das erste Flugzeug, das schneller als die Schallgeschwindigkeit von 343 Metern pro Sekunde flog.

Der erste Flug, der den Atlantik überquerte, fand 1919 durch die US-Marine statt. Die Reise dauerte 24 Tage.

1927 wurde Charles Lindbergh die erste Person, die alleine und ohne Zwischenstopp den Atlantik überquerte. Es dauerte weniger als 34 Stunden.

Der erste transpazifische Flug von Kalifornien, USA nach Brisbane, Australien wurde 1928 vom australischen Flieger Charles Kingsford Smith durchgeführt.

Der erste solarbetriebene Flug um die Welt dauerte über ein Jahr. Er begann im März 2015 und endete im Juli 2016.

Der erste kommerzielle Airliner, der de Havilland Comet, machte seinen ersten Flug für die British Overseas Airways Corporation im Jahr 1952.

1939 flog der deutsche Ingenieur Hans von Ohain das erste strahlgetriebene Flugzeug.

1986 dauerte der erste Nonstop-Flug um die Welt ohne Auftanken 9 Tage, 3 Minuten und 44 Sekunden.

Flugzeugrekorde

Der längste Nonstop-Flugrekord wird von Singapore Airlines gehalten.

Der Flug legt über 15.000 km von Singapur nach New Jersey in den Vereinigten Staaten zurück. Der Flug dauert etwas über 18 Stunden.

Das kleinste Flugzeug der Welt wiegt nur 162 Kilo und hat eine Spannweite von nur 4,4 Metern. Es rast mit Geschwindigkeiten von bis zu 482 km/h durch die Luft.

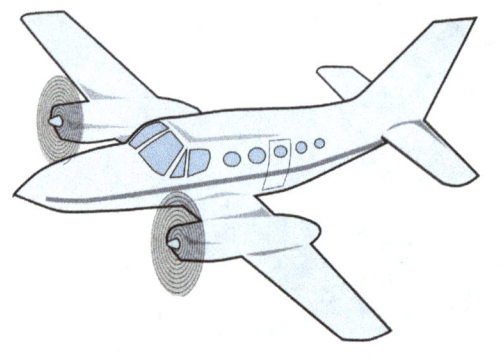

Mit 640.000 kg ist der Antanov AN_225 das schwerste Flugzeug der Welt.

18.288 Meter ist die höchste Höhe, die ein Verkehrsflugzeug jemals geflogen ist. Es war ein Concorde-Flugzeug.

Die höchste Höhe, die ein Militärflugzeug geflogen ist, beträgt etwa 27.430 Meter.

Das größte Passagierflugzeug ist der Airbus A380. Es kann bis zu 850 Personen befördern.

Im Februar 2018 vorgestellt, hat der Stratolaunch die längste Spannweite eines Flugzeugs mit 117 Metern von Spitze zu Spitze.

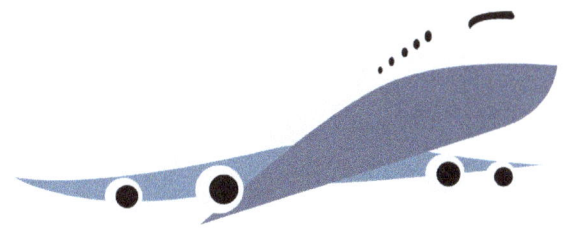

Mit einer Geschwindigkeit von 3.530 Kilometern pro Stunde war das schnellste Flugzeug aller Zeiten die Lockheed SR-71 Blackbird.

Mittwoch, 24. Juli 2019 war der bisher verkehrsreichste Tag in der Luftfahrtgeschichte mit über 225.000 Flügen an diesem Tag.

Zufällige Flugzeugfakten

Einige Flugzeuge können bis zu 5 Stunden mit nur einem ihrer Triebwerke fliegen.

Black Boxes sind eigentlich leuchtend orange.

Die Spannweite einer Boeing 747 ist länger als die erste Flugstrecke der Gebrüder Wright.

Die Concorde konnte fast doppelt so schnell wie Schall mit 605 Metern pro Sekunde fliegen.

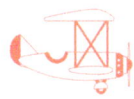

Ein Tank einer Boeing 747 kann über 220.000 Liter Treibstoff aufnehmen.

Alle Piloten, die international fliegen, müssen zumindest ein wenig Englisch sprechen.

Flugzeugtoiletten können von innen und außen entriegelt werden.

In einer Boeing 747 gibt es über 225 km Verkabelung.

Weitere zufällige Flugzeugfakten

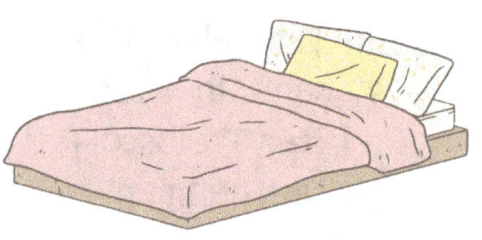

Auf jedem Flug essen der Pilot und der Co-Pilot unterschiedliche Mahlzeiten.

Auf Langstreckenflügen haben Flugbegleiter Zugang zu geheimen Schlafzimmern und

Der Feuchtigkeitsgehalt in einem Flugzeug, normalerweise auf 20% eingestellt, ist trockener als die Sahara-Wüste, die etwa 25% Feuchtigkeit hat.

Die ersten Mahlzeiten auf einem Flug waren Sandwiches und ein Stück Obst auf einem Flug von London nach Paris im Jahr 1919.

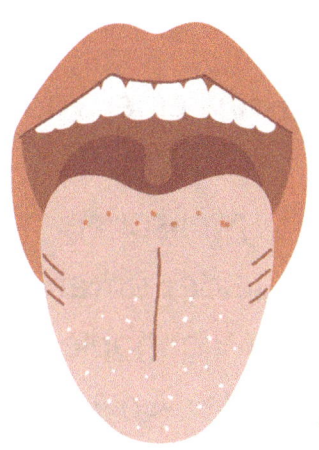
Die Empfindlichkeit der Geschmacksknospen wird während des Fluges um 30% für salzige und süße Lebensmittel reduziert.

Der erste Film im Flugzeug "The Lost World" wurde auf einem Flug von London nach Paris im Jahr 1925 gezeigt.

Die niederländische Fluggesellschaft KLM wurde im Jahr 1919 gegründet und ist damit die älteste Fluggesellschaft der Welt.

Kommerzielle Passagierjets kreuzen normalerweise mit einer Durchschnittsgeschwindigkeit zwischen 740 und 925 Kilometern pro Stunde.

Die Business Class wurde im Jahr 1979 von Qantas erfunden.

Etwa einer von sechs Menschen leidet unter Aviophobie, der Angst vorm Fliegen.

Ein Flug von London nach Singapur dauert etwa 12 Stunden. Im Jahr 1934 hätte es acht Tage gedauert und beinhaltete 22 Zwischenstopps.

Eine Boeing 747 hat etwa sechs Millionen Teile.

Leonardo da Vinci war fasziniert vom Fliegen und entwarf mehrere Flugmaschinen, die von Vogelflügeln inspiriert waren.

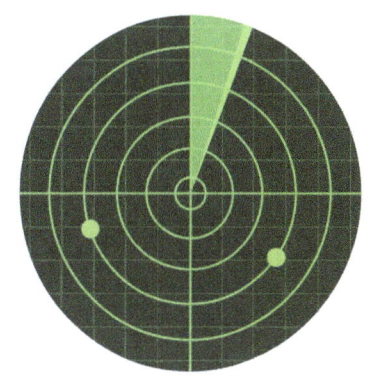

Neben Autos stellt SAAB auch Militärflugzeuge, Luftverkehrskontrollsysteme und Radar her.

Rolls-Royce stellt Flugzeugmotoren sowie Luxusautos her.

Zufällige Fakten über Papierflieger

Es wird angenommen, dass Papierflieger vor 2000 Jahren in China entstanden sind.

Aufzeichnungen über die ersten modernen Papierflieger gehen bis ins Jahr 1909 zurück.

Der Rekord für den längsten Papierflug beträgt 29,2 Sekunden.

Studenten in Deutschland haben im September 2013 das größte Papierflugzeug erstellt. Es hatte eine Spannweite von 18,2 Metern.

Die längste Strecke, die ein Papierflugzeug durch die Luft gleitet, beträgt etwas über 88 Meter.

Anleitung für Papierflieger

1. Falten Sie das Papier in der Mitte.

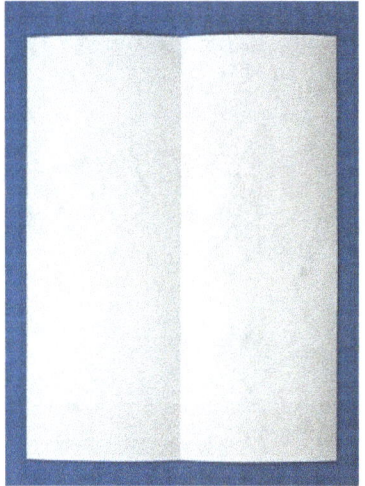

2. Entfalten und dann die Ecken zur Mittellinie falten.

3. Falten Sie die oberen Kanten zur Mitte.

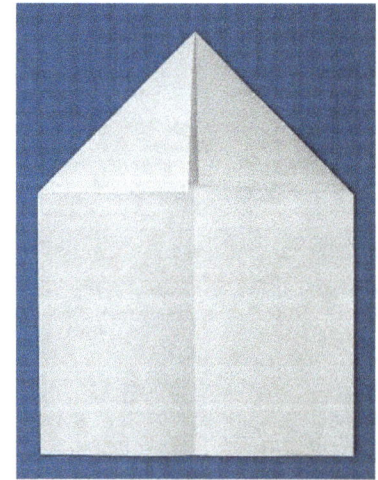

4. Falten Sie das Flugzeug in der Mitte.

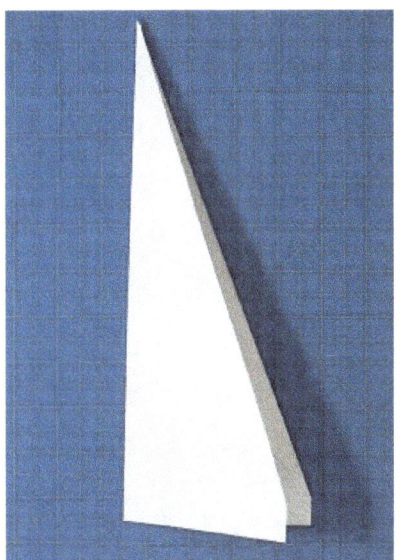

5. Falten Sie die Flügel nach unten, um die untere Kante des Flugzeugkörpers zu treffen.

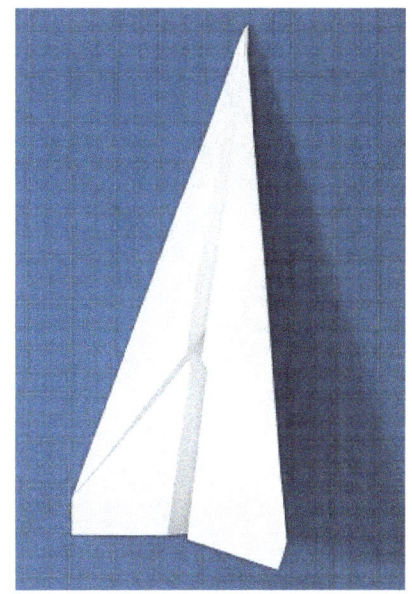

Vielen Dank an FoldNfly.com für diese Anweisungen und Bilder – für weitere Flugzeuge schauen Sie auf https://www.foldnfly.com/#/1-1-1-1-1-1-1-1-2

Weitere Titel in der Zufallswissen-Reihe

www.ingramcontent.com/pod-product-compliance
Lightning Source LLC
Chambersburg PA
CBHW081737100526
44591CB00016B/2644